心屋仁之助の

# 「奇跡の言葉」

Kokoroya Jinnosuke

性格リフォーム心理カウンセラー
心屋仁之助

経済界

# 目次

はじめに 004
本当の自分 011
人と自分 091
人生と自分 161
さいごに 221

書　心屋仁之助

あなたはすべてを
変える
神様なんだ

仁

# はじめに

心屋の「言葉」には、「当たり」があります。

当たると、言葉にできなかったり、気持ち悪かったり、涙が出たり、

「反応」が出ます。自分では思いもよらなかった、

「したかったこと」

「したくなかったこと」

「してはいけないと思っていたこと」

「してほしいと願っていたこと」

「思ってはいけないと思っていたこと」

そんななかったことにしていた、自分の「本心」に気づくのです。

「当たる」確率は65％ぐらいです。35％は当たりません。
わからんときは、わからんです。
ただ、「当たらない」の中にもいろいろあるのです。
ほんとうに的外れなとき以外にも、
当たっているのに当たってないふり、
当たっているのに気づかないなど、
当たっていても、当たらないときもあるのです。
それはそれで、よしとしておきます。
時間差で「当たり」がわかることもあるし、
感じる範囲が限定されていくこともあるので、
必ずしもいま、当たらなくてもいいのです。

でも、当たらないよりは、当たったほうがいいです。
「当たり」とは「わかってもらえた」ということだからです。
人は「わかって欲しくて」行動します。
いろんな手段で「自分の思い」を伝えようとします。
けれど多くの人は、いろいろな人生を生きてきて、
いろいろな方法で自分の思いを閉じ込めています。
悲しみ、悔しさ、怒り、嬉しさ、愛しさ、
つらかった、苦しかった、頑張った、ほめて欲しかった、
許して欲しかった、大好きだった……、
「閉じ込めた思い」をわかってもらえたときが当たりなのです。
だから「わかってもらえた」ことで、一気に癒《いや》されるのです。

だから、涙が出るのです。

「わかってもらえた、やっとわかってもらえた」

「わかって欲しかったけど、伝えられなかった」

「怖くて言えなかった、言ってはいけないと思ってた」

「わかって欲しかったけど、聴いてもらえなかった」

「誤解された、禁止された」

そんな「本当の気持ち」をわかろうとするのが、
僕のカウンセリングであり、それが当たったとき、

「奇跡を起こす言葉」になるのです。

わかってもらえたとき、人は心を開くのです。

そして、それを「わかる」ためには、

わかろうとする人の、傷ついた過去、悲しかった思い出、
わかってもらえなかった悔しさ、誤解された悲しみ、
そんな傷ついた過去を知ってこそ、わかることもあるのです。
もし、これを読んでくれているあなたが、
何か悲しい思いをしているとしたら、
何かつらい経験を抱えているとしたら、
誰かを「わかってあげる」ために必要なことかもしれません。
優しい、という字は、憂い、の横に人がそっと寄り添っています。
悲しみ、苦しみ、怒り、そんなネガティヴな気持ちを
感じること、ちゃんと感じること、逃げずに感じること、
それを一緒に支えていく、そこに一緒に寄り添うことで、

その人が、その気持ちを感じられるようにしていく。
あなたは、独りじゃないんだ、
あなたは、感じていいんだ、
あなたは、それでも愛される存在なんだ、と
誰かに伝えていくために、優しさはあるのだと思います。
「わかってあげる」言葉。
だから心屋の言葉は、僕だけの方法ではないのです。
きっとあなたも、そんな言葉が口から出てくるはずです。
その言葉によって、わかってもらえたことによって、
誤解が解け、悲しみが終わり、
愛されていることに気づいていける。

そんな人が、そんな素直な人が、
そんないっぱい持っている人が、
そんな損得にこだわらない人が、
そんな結果や優秀さや価値にこだわらない人が、
そんな勝ち負けや戦いや「べき」にこだわらない人が、
ちっちゃなことで拗《す》ねない人が、たくさん増えたらいいな。
自分や他人をコントロールしようとするような、
そんな過去の僕のような人が減ったらいいな。
そう思うのです。だって、すんごく苦しかったもの。

二〇一三年三月吉日

心屋仁之助

# 本と自分

あなたは
女の子で
いいんだよ

女性の病気、不倫、セクハラ、恋愛がうまくいかない……。
こういった目に遭《あ》う女性は「女性」を否定していることがあります。
自分が、自分の中の「女」を抑《おさ》え込もうとしているから、
本来の「女」である自分が叫んでいるのです。
「わたし、女だよ！　女の子なんだよ‼」と。
だから、「私は女なんだ」ということを
嫌でも自覚させられる出来事に巻き込まれるのです。
僕のカウンセリングに来た、なつみさんも同じでした。
小さな頃にお父さんに言われた何気ない一言。
「お前が男だったらよかったのに」
そして、女性特有の苦しみに落ちてしまった。

女の子をやめようとして、男の子になろうとして頑張ってきた。
そんな彼女から、カウンセリング後にメールをいただきました。

ぢんさん、昨日は本当にありがとうございました。
うまく表現できないのですが……、
昨日セッションルームをあとにしてから、
体がとっても軽くなったような気がして
背中から羽根でも生えたのかと思うくらい、
ふわふわした真綿にくるまれたような気持ちで帰りました。
薬の副作用でいつも感じていた
鈍い痛みやだるさも、ほとんど感じなくて……。

もっと驚いたのが、今朝の目覚めです！
いつも6時半に目覚しをかけても、眠くてだるくて、
7時くらいにやっと起きるような毎日だったのに、
今日は自然になんと5時に目が覚め、
外に出て、朝日を眺め、思いっきり深呼吸をしました。
こんなこと、もう何十年もしてなかったです。
……ぢんさん、ずいぶん遠回りをしてしまったけれど、
やっと私は、岩崎奈津美として生きていけそうな気がします。
私はちょうど、桜の季節に生まれたこともあって、
小さい頃から、この花が大好きなんですけど、
桜は、大雨や突風にでもあたらないかぎり、

絶対に蕾《つぼみ》のまま落ちることはないって聞いたことがあります。
桜は「咲くまで散らないんだよ」って。
私も「咲くまで散らないっ！」って思い続けて、
堅い蕾のまま乳母桜になったけど、いまから咲いても、
「きれいだね」って、
誰か言ってくれる人がいますよねっ⁉　ぢんさんっ！
岩崎奈津美、いまから女性としての開花を宣言します！
コーヒーが大好きだった亡父の仏前に、
毎朝熱いコーヒーを供えるのが日課になっているのですが、
今朝お供えをしながら、父の遺影に向かって、
ぢんさんと一緒に言った「言葉」をつぶやきました。

「お父さん、わたし、女の子なんだよ。
っていうか、前から女の子だったんだよ！
もう女の子になってていいよね。お家《うち》守らなくてもいいよね。
幸せになってもいいよね。お父さん、ありがとう」
つぶやいて、号泣。
どんだけ、がまんしてたんだって……（笑）。
でもやっと、ぢんさんに絆創膏《ばんそうこう》一枚剥《は》がしてもらったところ。
まだまだたくさん、心に絆創膏を貼《は》ってます。
これから一枚一枚、剥がしていこうと決めたので、
ぢんさん、これからもよろしくお願いします。
（もちろんだよ！　奈津美さん！）

いちど
死んでね

結局はすべて自分なんだよ、とお伝えすると、

「絶望的になりました」

「結局、私が悪いんですね」

「結局、ダメな私だからダメなんですね」

「死にたくなりました」

なんて言われることがあります。

そんな人に僕は、

「うん、いちど死んでね」

なんていうことがあります。

絶望的、死にたい……、実はまだ失うことが怖いんです。

この期に及んで、まだ何かを守ろうとしている。

でも、それも当たり前なんです。
弱い自分、できない自分、ダメな自分……、
それをまだ守りたい。
でも、そんな自分さえも受け入れたとき、
「結局は自分なんだね」
ということが、本当にわかってもらえると思います。
強くなりたいなら、弱さを受け入れること。
成功したいなら、失敗を受け入れること。
愛されたいなら、嫌われることを受け入れること。
認められたいなら、批判されることを受け入れること。
生きたいなら、死ぬことを受け入れること。

「結局は自分なんだね」

それが、自分に責任を取るということ。

だから、僕が言っている
「失敗してもいい、弱くてもいい、そのままでいい」

というのは、

「そのまま甘えてていいよ」

というのとも、ちょっと違う。

「そのままでいい」

心からそう思えたとき、人はそのままでいられなくなる。

「そのままでいい」

心からそう思えたとき、人は自分で歩き出すんだ。

しゃべらなくていいよ
笑わなくていいよ
何もしなくていいんだよ

そのままの自分でいいよ、なんて言うと、
そのままの自分ってよくわかりません、と言われます。

そんなとき、僕はこう言います。

「しゃべらなくていいよ」

「笑わなくていいよ」

「何もしなくていいよ」

すると、そんなことしたら、
ダメな奴だと思われる。

嫌な奴だと思われる。

冷たい奴だと思われる。

つまらない奴だと思われる。

でもね、それが「ありのままのあなた」なんですよ。
それを受け入れて生きることが、
ありのままで生きること。
ありのままの自分を否定して、
無理に優しくしてみたり、無理に笑ってみたり、
無理に何とかして話をしようとしたりするから、
つまり「ウソ」をつこうとするから、
笑顔がおかしかったり、
押しつけがましかったり、
話がつまらなかったりする。
だから、何もしない。

つまらなくて、
冷たくて、
できなくて、
話さない。
それが、ありのまま。
それを受け入れたとき、
やさしくて、
温かくて、
何かをできる、
本当の自分が
「あった」ことに気づくんだよ。

弱いのも強いのも

ありのまま

いま弱いなら、それがありのまま。
いま強いなら、それがありのまま。
強がってるのも、ありのまま。
被害者になってるのも、ありのまま。
「いまがダメ、こうなりたい」が終わったとき、
人は、本当の自分に戻っていく。
弱くて、強い自分。
優しくて、冷たい自分。
できなくて、できる自分。
正しくて、間違っている自分。
固くて、柔らかい自分。

焼け野原から
芽が生えて
きた

「自分を好きになる方法を教えてください」
「こんなダメな自分が嫌いです。ダメな自分を変えたいんです」
カウンセリングをしていると、よく聞く相談です。
いまの自分が嫌いだから、素晴らしい自分になろうと努力する。
でも、なれない。でも、あきらめられない。
時間とお金を使って、また自分を磨きに行く。
でも、なれない。なれない自分を責《せ》める。
僕もそうだったから、よくわかります。
変われない自分にいら立ち、変えてくれないまわりにいら立ち、
もがいて、苦しんで……、でもね、それは必要なことなんだよ。
いま、もがいている人は、もっともがけばいい。

もっと苦しめばいい。もっと絶望すればいい。
だって、自分を好きになるということは、
自分を変えて、好きな自分になるのではなく、
ダメな自分を「受け入れる」ことだから。
自分を変える方法は、いまのダメな自分を認めること。
どこまで行っても自分は変われないんだ、と早く絶望すること。
僕も、いくら頑張っても、いくら成果を上げても、
いくらもがいても、変われない自分、変わったように見えて、
すぐに戻ってしまう自分に、何度も何度も絶望した。
でも、それは中途半端な絶望だった。
ちゃんと絶望し、ちゃんと、もう、だめだ……と、

すべてをあきらめたとき、
そんなダメな自分が「いた」ことに気がついたんです。
そうか、これも自分なんだ、と。
すると、不思議なことが起こったんです。
でも待てよ、あれもできるし、これもできる、
あれもこれもやってきた、なんだ、ダメじゃないやん。
そう思えたら急に楽になって、うまくいき始めたんです。
そう、まるで何もない焼け野原になったとき、
そこにはじめて、眠っていた種が緑色の小さな芽を出すのです。
雑草に種を蒔《ま》いても、芽は出にくくてすぐに枯《か》れてしまうけど、
何もないところなら、芽が出てくることもあるんだよ。

道をさがしても
道は自分の中に
しかない

あんなふうになりたい、
あの人みたいになりたい、
その道を目指しても、答えは自分でしかない。
あんなふうになりたい、
それを道しるべとして、自分に戻っていく。
あんなふうになりたい、
それを刺激として、自分を探していく。
そのための第一歩は、いま、自分がいる場所を確認すること。
いま、自分はどこにいるのか、いまの自分はどうなのか。
いまのいい自分、いまのダメな自分、その両方が「本当の自分」。
その両方を認めたとき、はじめて答えが見つかるんだよ。

外を求めて
内側を知る

自分の内側を知るには、
内側を観ていても見つからない。
青い鳥を探しに、外に出てはじめて、
内にいたことがわかる。
外の世界を知って、外の人に触れて、
違う価値観に触れて、はじめて自分の内側を知る。
自分を知りたかったら、自分から離れてみること。
人の声を聞くこと、人の評価を受け止めること。
それが内側を知るということだから。
「ああ、我が家が一番」
きっと、そう言える。

すべての答えは
周りの人が
教えてくれている

「被災して合宿に来れなかった、みっちゃんに会いに行こう」
東日本大震災から4ヶ月後、こんなイベントを企画しました。
仙台にみんなと向かい、駅で彼女を待っていたのですが、
「当の本人は、日にちを間違えて登場せず」という
大爆笑の結果が待っていました。
翌日、ようやく仙台駅で迷子になっていた彼女を確保。
久しぶりに会った彼女はキレイになっていました。聞くと、
「今日面接だったたから、ちゃんとお化粧してきました」
って、そっちかいっ（笑）。
震災直後に連絡が取れず、死ぬほど心配していたのですが、
当の本人は、心配されていたことに驚いていた様子。

どこまでもマイペースな彼女のことが、
みんな大好きで、会いに行けてよかったです。
はっきり言って、彼女はいつも大ボケをかまします。
話すのもゆっくりで、みんなになかなかついていけない。
でも、そんな彼女の存在が、
一緒にいるみんなを優しくさせる、
まわりの心を温かくさせてくれる。
それは、いままで僕のコースで出会った人もみんな同じ。
外から見てると「そのままでいい」と思える。
「そのままじゃダメだよ」と他人に思ってしまう部分は、
「見ている自分」に課題がある部分。

見ている自分の課題に自分自身が気づいたら、
目の前の人の問題は自然に解決されていく。
そう、目の前の人に問題があるんじゃなくて、
見ている自分の中の課題を見つけるために、
目の前の人がいてくれる。
目の前の人が教えてくれる。
まだ愛しきれていない自分の一部がちゃんとある。
「まわりの人はすごいなぁ、まわりの人はすてきだなぁ」
そう感じるときは、あなたがまだ見つけきれていない
自分の素晴らしさをまわりの人が見せてくれているんだ。
まわりの人って、すごいなぁ。

ありがたいなあ
幸せだなあ
楽しいなあ
静かな幸せがある

「毎朝、起きると嫌な気分になる。死にたい」
なんて思っていた方が、僕の話を聞いて、
「朝起きると、幸せを感じるようになったんです」
と言ってくださいました。
その方は、僕の出す提案をすぐにやってくれる。
「やってみよう」と腹をくくるだけで、
「じゃ、やりな」という出来事が、その日のうちにやってくる。
それを「えいっ」てやる。すると、いままでの悪夢から目覚める。
最初から何も不都合な現実はなかった。
不都合な現実があるように見えただけ。
すべては、順番に、気づくために、仕組まれたプログラムなんだ。

実はそれ
問題じゃない

あなたが問題だと「思っている」ことは、
あなたが「問題視」しなければ、
問題じゃないかもしれないんだよ。
問題じゃないものを問題視しているから、
答えが見つからない、解決にたどりつかない。
いつまでも解決しないものは、問題じゃないのかもしれないよ。
つまり、それは普通のこと。普通に起こることかもしれないよ。
有名になれば叩《たた》かれる、成績が上がれば妬《ねた》まれる、
幸せになれば拗《す》ねられる、痩《や》せれば体力が落ちる、
楽しめば怒られる……。
そんな「陰」は問題ではなく、普通のことかもしれないよ。

その問題をかくれみのにして何を見ないようにしてるのかな

先日、友人のキタちゃんとゴルフに行きました。
クラブを振ったら、球がおかしな方向に行ったんです。
全部、自分の腕の「せい」です。
でも、クラブのせいにしたいときがあります。

カウンセリングに行った。
何も変わらなかった。
カウンセラーのせいにしたくなる。
何かに精一杯取り組んだ。
うまくいかなかった。
自分の能力のせいにしたくなる。

自分の人生がうまくいかない。
親のせいにしたくなる。
仕事がうまくいかなかった。
上司や部下のせいにしたくなる。
全部、全部、何かのせいにして、
「本当の問題を見ないこと」が、
「本当の問題」なのです。
そのほうが楽だから、
そのほうが安心だから、仕方ないね。
自分を守るために、誰かを悪者にする。
自分は悪くない、あの人が悪い。

これを「正当化する」といいます。
こんなとき「ジャッジ」を使うのです。
「誰かのせい」にしたくなったとき、
いま自分は、自分を守ろうとしているんだな、
そう思ってみるといいですよ。
本当に自分の人生を変えたいと思うなら、
自分が「いちばん見たくないもの」
それを見つめる「勇気」が必要です。
正当化する人のまわりには、
「不当」と「理不尽」と「言いわけ」が
集まってくるからね。

その問題がなかったら
あなたは何を
始めてるのかな

「あの」問題があるから、動けない。
子供が、親が、パートナーが、犬が、猫が、お金が、時間が、
上司が、部下が、お客さんが、……◯◯だから動けない。
でも本当は、動かないだけなんだよ。
その問題を抱えているかぎり、それをしなくていいからね。
転職すること、別れること、好きなことすること、
楽しむこと、旅に出ること、起業すること……。
怖いから、その問題をずっと握りしめていたいのかもね。
解決したら、先に進まないといけないからね。怖いね。
ずっと抱えているその問題。ずっと解決しないその問題。
それを「ダミー」って言うんだよ。

大したことないは
大きな問題
大きな問題は本当の
問題をかくすダミー

僕の心理カウンセラーとしての経験ですが、

「大したことないんですけど……」

「大きな問題じゃないんですが……」

「些細なことなんですが……」

このようなときは、
とてつもなく大きな課題を抱えています。

それとは逆に、

「大変なんです」

「長年悩んでいるんです」

という、一見、大きな問題は、
実は「ダミー」だったりします。

長年抱えている問題ほどダミー。
彼氏とうまくいかない、いつも大ゲンカしてしまう、
いつも浮気される、ひどいことされる……、
これらは「自分がずっと抱えている」のです。
なぜなら「その下にある本当の問題」を隠すため。
これを僕は「解けないパズル」と呼んでいます。
僕たちカウンセラーというのは、クライアントから
この「そもそも解けないパズル」を
ひょいっと渡されるのです。
「これ、解けないんです。どうしたらいいですか？」
「これ、100年かかっても解けないんですよ」

当の本人は、このダミー（パズル）を抱えている間は、
「本当の問題」に向かい合わなくてすむのです。
その「本当の問題」が何かと言うと、
かんたんに言ってしまえば「劣等感」です。
それを見たくない、それを認めたくないから、
「別」に問題をつくって、押しつけてしまう。
問題をすり替えて、隠しているんです。
あなたが抱えている「大きな問題」は何ですか？
あなたが思っている「些細なこと」は何ですか？
あなたが思っている「大したことない問題」は、
大きな「劣等感」の氷山の一角なんですよ。

捨ててきた
自分を
助けてあげよう

子供の頃に嫌って捨てた自分の一部が、
あなたのところに、
「捨てないで」
そう言って集まってくる。
捨てたんだから、当然、
嫌で、苦手なものとなってやってくる。
好きじゃない人に好かれたり、
嫌いな上司や部下がパートナーとなったり。
嫌って捨てたときの思い出や
罪悪感でいっぱいになる。
早く助けてあげよう。

ほんものに
ちゃんとさわろう

腫《は》れものは、触《さわ》ると痛い。だから触らないようにしてきた。
なのに、誰かの言動が、腫れものに触るときがある。
そんなとき、痛くて怖くなる。
そして、怒る、逃げる、平気なフリをする。
そして、触った人のせいにする。
あの人に傷つけられた、あの人が悪い、あいつのせいだ。
でも、それは違うよ。その腫れもののせいなんだよ。
その人は、たまたま近くを通っただけかもしれない。
「あれ、腫れてるよ」って、指摘しただけかもしれない。
「何とかしてあげたい」って、そう思っただけかもしれない。
それなのに「傷ついた、傷つけられた」って。

その昔、ちょっと傷ついた。
その昔、ちょっと細菌が入った。
でも、平気なフリをしちゃった。
ちゃんと治さなくて、大丈夫って。
もしくはケガをした自分が悪いんだって。
ちゃんとその傷を治さなかった。
そのうち膿がたまって、どんどん腫れてきて、
包帯を巻いて隠してた。薬で抑えてた。
だから、全然治ってない。
そして、こんな腫れものを抱えたままじゃ、
危なくて仕方がない、みんな触ってくるし、怖い。

こんな腫れものを抱えたままじゃ、
腫れものが邪魔して、明るい未来が描けない……。
そう思うなら、いま、その腫れものに溜まった、
長年蓄積された、膿を出すんだよ。
出すときは、とっても痛いよ。誰だって痛いよ。
でも、出したらすっきりするんだ。
出したら、心も体も軽くなるんだ。
そしたら、明るい未来が目の前に広がるんだ。
言いようのない不安も、台風が去るように流れていくんだ。
それが感謝に変わるときが、きっと来るんだよ。
だから、ちゃんと腫れものに触ろう。

自分のラベル
何だろう

私たちは知らず知らずに、自分に「ラベル」を貼っています。
素晴らしい人、優秀な人、かけがえのない人、ならいいのですが、
大したことない奴、面白くない奴、いてもいなくてもいい奴、
邪魔な奴、価値のない奴、魅力のない奴、役に立たない奴……。
こんなラベルを貼っていると、当然ですがいいことはありません。
自分のラベルはなんだろう、一度考えてみてください。
「自分が、自分に貼っているラベル」
そのラベルのとおりに、まわりの人はあなたを扱ってくれます。
「いてもいなくてもいい奴」というラベルを貼っていれば、
まわりの人は、あなたのことを無視してくれます。
自分のまわりを見れば、自分のラベルがよくわかります。

ただ、勘違いしているケースもたくさんあります。
親が貼ったラベルを、そのままにしている人がいるのです。
肯定的な親は、子供に肯定的なラベルを貼りますが、
否定的な親は、子供に否定的なラベルを貼ります。
でもそれは、親が勝手に貼ったラベルです。
親が「劣悪商品です」というラベルを貼ったら、
本当に味が落ちていくんです。
そのラベルを貼ったままにするかどうかは、
貼られた本人が決めること。
あなたの個性は、あなた自身が、
自分の思ったように生きること、行動することです。

思ったまま、感じたまま、好き嫌いで行動する。
損得ではなく、好き嫌いでいい。
嫌なら嫌と言えばいい。
好きなら好きと言って飛びつけばいい。
「自分を認めてもらうようにする」
「自分の居場所を守ろうとする」
こうすると、どんどん恐れのループに入っていきます。
そんなことをしなくてもあなたには、
「個性」という素晴らしいお宝がある。
昔貼られたラベルに振りまわされないで。
自分の中身を出してもいいんだよ。

見たくないから逃げ
まわってたら自分の
生きる道が
わからなくなっていた

ダメだと言われた。受け入れてもらえなかった。
だから、受け入れられる自分になろうとした。
いい子になろうとした。明るい子になろうとした。
手のかからない丈夫な子になろうとした。
痛みを感じない子になろうとした。
しっかりしたお姉ちゃんになろうとした。
自分じゃない子になって、いままで生きてきた。
そしたら、自分がわからなくなっていた。
でもいま、生まれ変わりのときが来た。
安全な場所から、巣立つときが来た。
さなぎから蝶へ。自分らしく羽ばたくときが来た。

なんで
いなくなったの

人を楽しませたい、人に喜ばれたい。
ずっと離れずいてほしい、ずっと私だけ見ていてほしい。
私がダメになったら、私が言うことを聞かなくなったら、
きっとみんないなくなっちゃう。
だってお父さん、突然いなくなったもん。
だってお母さん、急に笑わなくなったもん。
でも、怖くて言えなかった、訊けなかった。
だからずっと見張ってた、いなくならないように。
……もう、愛されてもいいよね。
こんな私でも、ずっとここにいていいんだよね。
ありがとう。

できない人やできない
自分がイヤなのは、でき
なかった自分をまだ責め
続けてるから。
もういいじゃないか

できない自分が嫌なのは、できない人にイライラするのは、
できなかった、小さな頃の自分をまだ責め続けているから。
「そのままでいいよ」と言われても、受け入れられない。
「そのままでいいよ」と言われても、よくないから苦しんでる。
それは、小さな頃の自分を、まだ後悔しているから。
「何であんなことしたんだろう、何でできなかったんだろう」
でも、もういいじゃないか。もう許してあげよう。
できなかったんだもん。やっちゃったんだもん。
子供だったから、知らなかったから、未熟だったんだから。
もういいじゃないか。もう許してあげよう。
あの頃の自分。

幸せの
連想力を
上げよう

幸せって、ひとつは「連想力」。
目の前にある出来事を
どんなふうに展開させる「連想力」があるか。
悪いほうへ、悪いほうへ、と考えてしまう人は、
いま、目の前に幸せがあっても楽しめない。
日曜日に楽しい映画を見ながら、
明日の仕事のことを考えて憂鬱《ゆううつ》になる。
日曜日に美味《おい》しい夕食を食べながら、
サザエさんを見て憂鬱になる。
でも、「いまの幸せ」を感じている人は、
楽しい映画を見ながら、それを楽しめる。

美味しい夕食を食べながら、夕食を楽しめる。
「いま」のあとに楽しいことがあるかも、という連想ができる。
「いま」のあとに不幸なことが起こる連想をしていない。
幸せの連想力、つまり「過去の記憶」がなせるわざです。
過去の記憶の中に、不幸な出来事がたくさん詰まっていると、
その先も、不幸な連想が始まる。
過去の記憶の中に、楽しい出来事が詰まっていると、
その先も、楽しい連想が始まる。
どちらもある意味、妄想です。
それを決定づけるのは「記憶」なのです。
「過去の経験」と言ってもいいかもしれません。

この記憶に「不幸な勘違い」が詰まっている人がいます。
その記憶が「不幸な未来」を作り出すのです。
「不幸な勘違い」「誤解」「事情」をほどいていくと、
「価値観」「信念」「考え方」が変わってきます。
これが変わると「行動」が変わります。
行動が変わると「現実」がいい方向に変わり始めます。
すると、また考え方がどんどん変わります。
当然、幸せの連想力も上がっていくのです。
では「幸せの連想力」を上げるにはどうするか。
いままでと逆の行動、いままでと逆の言葉、素直な言動、
これをしていくことが必要なんだよね。

自分らしくないから
苦しいんだ

魚が陸にいるから苦しいんだ。
鳥が歩いているから遅くて苦しいんだ。
月が自分で輝こうとするから苦しいんだ。
ぜんぜん自分らしくないから、
みんなと同じになろうとするから苦しいんだ。
じゃあ、自分らしくって、何？
そんなのかんたんだよ。
「怖がってやってること」をやめて、
「怖くてやってないこと」をやればいいんだよ。
それが「自分らしく生きる」ということ。
いままで生きて学んできた、

安全に生きる鎧《よろい》（方法）を脱ぐこと。

逆に頑張って闘ってみること。

見返してやる、認めさせてやる、をやめること。

認めてもらおう、強くなろう、すごくなろう、をやめること。

助けよう、役に立とう、優しくなろう、をやめること。

私は○○な人だから、と自分の殻に閉じこもらないこと。

私は冷たい人だから、嫌われてるから、キツイ人だから、嫌われるのが怖くないから、と強がってみたり、
自分を決めつけて、限定しないこと。

かんたんに言うと、そういうこと。拗《す》ねないこと。

つまり「自分以外の何か」になろうとするのをやめること。

それが、自分らしく生きるということ。
それが「本当の自分」に戻るということ。
本当にキツイ人は、自分をキツイ人って言わないんだよ。
本当にデキる人は、自分をデキる人って言わないんだよ。

な～んて、かんたんに言ってみましたが、
言うは易し。行うは難し。
それが里の行。
そんな僕もいま、旅の途中、修行中。
修行中の人のことを「菩薩《ぼさつ》」というんだよ。
なんだ、みんな神様なんだね。

不安なときって
人目が怖いとき

すべてではないけど、不安なときって、
人目が怖いんだって思います。

「どう思われるだろう」

が気になるときって、
言い換えれば、

「○○な人と思われるのが怖い」

さらに言い換えれば、

「自分が○○な奴だとバレるのが怖い」

ということになります。

なーんだ、自分がいちばん自分のことを
「○○な人だ」って思ってるんだね。

自分に正直
に生きる

僕が考える、正直に生きるって「フリをしない」ということ。
仕事ができるフリをしない、家事ができるフリをしない、
いい夫・いい妻・いい嫁のフリをしない、いい子のフリをしない、
優しい人のフリをしない、器が大きいフリをしない、
嫌われ者のフリをしない、できないフリをしない、
冷たいフリをしない、平気なフリをしない、悟ったフリをしない、
エロくないフリをしない……、そんな感じ。
「フリ」をするのは、「それ」を隠そうとしているから。
「隠そう」とするのは、「それ」がバレるとヤバいから。
でも、隠そうとしてる時点で「自分にウソついてる」から、
「流れ」も悪くなるよね。正直に生きるって勇気がいるんだ。

そもそも
何でそれを
やってるの

その仕事、その作業、その挨拶、
そのプレゼント、その礼儀、その笑顔……。
そもそも、何で、それをやってるの？
楽しいから、必要だから、怖いから、
いったい、どれなんだろう？
まずは、怖いから、……やめていこうね。
たぶん大丈夫だから。
それしなくても、きっと怖いことは起こらないから。
次に、必要だから、……やめていこうね。
たぶん必要じゃないから。
それしなくても、きっと誰も困らないから。

自分らしくって
我がままで
いいってこと

自分の思いを飲み込んで、
自分の言いたいことを遠慮して、
自分らしさなんて見つからない。
「自分らしく」とは、人と違うということ。
ただ、自分らしくあるために、
まわりの人と協調していくことは大切。
同調ではなく協調。
助け合い、
補い合い、
違いを認め合い、
共存し、繁栄できるといいね。

勝ってるからこそ、
勝とうと
しなくていいよ

勝ってる人は、勝とうとしません。勝ってるから。
負けてる人は、勝とうとします。負けたくないから。
必死に、苦しみながら、いつも戦ってる。
勝てない戦いだから、消耗するしかない。
捨て身で自爆するしかない。玉砕。絶望。
そうしてはじめて平和が訪れるのかもしれない。
戦う必要はなかったんだ、分かち合えばいいんだ、と。
「あの人はこうだ」と分析ばかりではなく、
「あの人はこうするべきだ」と批判ばかりでなく、
自分がどうしたいのか、見失わないようにいつも考えよう。
「自分はどうしたいのか」

人生は怖れと思い
込みに埋めた本当の
自分を見つける
宝探し

平凡な人生、ありふれた人生、平和な人生もいい。
でも、ドラマチックで、エキサイティングな人生もいいよね。
たくさんの障害を乗り越えて、お宝を探し求める旅。
たいてい、お宝のまわりには、たくさんの敵がいたり、
たくさんの障害があったり、呪《のろ》いがかけられていたり、
鍵《かぎ》を解《と》く呪文《じゅもん》があったりするもんだよね。
その中に突っ込むかどうかは、自分が決めること。
冒険者は、ときに傷つき、倒れ、絶望するかもしれない。
それでも何度も立ち上がり、生まれ変わって乗り越えていく。
敵・障害・呪いとは、恐れと不安、それを作り出す「思い込み」。
お宝とは「素晴らしい、本当の自分」。

# 人と自分

なんで
私だけ

なんで私だけ、こんな目に遭《あ》うんだろう。
なんで私だけ、のけものにされるんだろう。
なんで私だけ、こんなに言われるんだろう。
なんで私だけ、みんなと同じにできないんだろう。
なんで私だけ、不幸なんだろう。
なんで私だけ、怒られるんだろう。
なんで私だけ、認めてもらえないんだろう。
なんで、私だけ……。
なんで……。
不幸のどん底にいるときは、
僕もこんなふうに思っていました。

こんなに、頑張ってるのに。
こんなに、ちゃんとしてるのに。
こんなに、間違ってないのに。
こんなに、いい言葉を言ってるのに。
こんなに、ていねいに接しているのに。
こんなに、一生懸命やってるのに。
報われない、結果が出ない、ダメ、できない、
満たされない、わかってもらえない、
受け入れてもらえない……。
そんなふうに思っていました。
だからわかってもらうために、さらに頑張った。

頑張って、頑張って、能力も上げた。
知識も仕入れた、技術も上げた。
でも、そうすればするほど、
「もらえない」が大きくなる。
おかしい、おかしい、おかしすぎる。
で、冷静に考えた。
「もらえない」
これって本当か？
そこから大きく変わり始めたのです。
自分を疑《うたが》い始めたことで、
人生は流れに乗り始めたのです。

ちゃうちゃう
それ思い込み
それが違い

怒らせちゃったかな、嫌われたかな、傷つけたかな。
こんなことしたら、怖いことになる。
こんなこと言ったら、嫌われる。
変に思われないかな。
そんな恐れや不安の大半は、
あなたの過去の「経験」が作り出したもの。
過去に起こったことが、
また未来にも起こると思ってしまう。
「ちゃうちゃう」
声に出して明るく言ってみよう。
「ちゃうちゃう」

それはあなたの
勝手な
妄想だよ

こんなに愛してるのに。
こんなに尽《つ》くしてるのに。
こんなによくしてるのに。
こんなに手伝ってるのに。
こんなにおごってあげたのに。

「のに？」

そもそも、あなたの「したこと」は、
相手の喜ぶことなんだろうか。
相手の需要にあっているんだろうか。

プレゼントしたり、
愛してると伝えたり、

抱きしめたり、
助言したり、
助けたり……。
こうすれば喜ぶ「はず」という、
あなたの勝手な予想を、
あなたの勝手な需要予測をもとにして、
あなたが勝手に考えて、
供給しているだけかもしれない。
これを「独りよがり」と言います。
「こんなにしてるのに」
「のに」っていうのは、

残念ながら、相手の「需要」に
全然あってないいんだわ。
だから喜んでくれないいんだね。
だから返してくれない。
残念っ!!
「相手のため」だったのではなく、
「自己満足」だったのかもしれないね。
だから、ときどき訊いてみるといいよ。
「私の需要予測あってますか?」って。
ちなみにウチの奥さんは、
よく独りでヨガりに行きますが。

かわいいのはかわいくしてるから
人があつまるのは、そうしてるから
もうかるのはそうしてるから
きらわれたり裏切られるのは
そう思っているから

うちの奥さんに「いつもかわいいね」って言ったら
「かわいくなるように努力してるからだよ」って言われた。
自分が「なっている」ことは、そう「している」から。
そう「している」から、そう「なった」。
自分が、そう「される」のは、そう「思って」いるから。
そう「思って」いるから、そう「なる」。そう「される」。
キーボードで「1」を入力すると「1」が出る。
ときどき「半角」になってイラっとするけど、
どこかで「半角」ボタンを押したから。
そう「している」から、そう「なる」んだ。
そういえば、高そうな化粧品が並んでたな……。

何てうけとったから傷つい
たのかって、よく考えて
みたら、相手はそう言っ
てなくて自分が思ってる
だけだよね

人を見ているとよくわかるんだけど、

「傷ついた」って言っている人は、

「傷つく受け取り方」をしているだけ。

「バカにしてるのよ」

「どうでもいいと思ってるのよ」

「嫌ってるのよ」

「愛してないのよ」

誰もそんなこと言っていないのに、
すぐに、そう受け取る。

何でもかんでも、こじつける。

しまいには、

「すごいね」
「大事だよ」
「大好きだよ」
「愛してるよ」
って言えば、
「だって、そんなはずないもん」
「全部ウソっぽく聞こえる」
「私の思ってる答えと違うもん」
……なら、自分が一番自分のことを
「バカで」
「大事な存在じゃなくて」

「愛されなくて」
「嫌われてる」
そう思ってるんだね。
それをわかって欲しかったんだね。
ほら、自分が愛されて、
大事にされてる証拠を
自分が受け取ってないだけなんだよ。
ただ怖がってるだけ。
傷ついたって言いそうになったら、
「アー怖かった」と言おう。
ダメな自分がバレるのが怖かったって。

そろそろ年貢の
おさめどき
あきらめなはれ

あきらめて「手放す」
あきらめて「受け入れる」
あきらめて「損する」
あきらめて「負けよう」
無駄な抵抗はやめて
早くそこから出てきなさい。
いつまでも拗ねてないで、
反発してないで、いじけてないで……、
愛されていることを
カッコ悪く受け入れていいんだよ。
あなたはもう、幸せになっていいんだよ。

あなたも愛されて
いるらしい、守られて
いるらしい。残念だけど

そうじゃないと思ってきたけど、
愛されて、守られて、いるんだよ。
そう、いまも。
昨日も、明日も、
生まれてから、
いままで、ずっと。
見えないもの、
感じないもの、
気づかないもの……、
そんなものがいっぱい
僕たちのまわりには「ある」。

目を閉じて
何も見えず

心を閉じてるから「ある」が見えない。
拗ねてるから「ある」を見たくない、
「愛」に気づかないようにしてる。
でも心を開くと、いままで見えなかった、
誰かの優しさに気づく、
思いやりに気づいていく。
そして、幸せになっていく。
そんなかんたんなこと。
「心を開く、素直になる」とは、
「して」「しないで」とちゃんと言う。
それだけなんだよ。

してほしい
それはやだと
ちゃんと言おう

「素直になるって、よくわかりません」

という声をときどき聞きます。

素直になるって、かんたんに言うと「拗ねない」こと。

「〇〇をしてほしい。△△は嫌」

って、ちゃんと相手に伝えること。

それを伝えるのを嫌がっているから、

「何で気づかないの、普通こうするでしょ」

「それはおかしいよ」と、

「正しさ」「わかって」「察して」を要求して、

「拗ねる」「こじれる」になってしまう。

ちゃんと伝えよう。だって相手は気づいてないんだよ。

私だって
傷つくんだ

いつも明るく振る舞って、いつも元気で、
いつもニコニコして、いつもやさしくて、大きくて……、
そんな私だから、何でも言っていい？
そんなことないんだよ。頑張って笑ってるときもあるんだよ。
怖くて、嫌だって言えないときもあるんだよ。
無理をして、いいよって言っちゃうこともあるんだよ。
私にならら何を言ってもいいって、そんなこと絶対にないんだよ。
「自分ばっかり、傷ついたって言わないで！」
――そんな、いつも頑張ってしまうあなたへ。
たまには言ってもいいんだよ。傷ついたって言えばいいんだよ。
よく頑張ってきたね。よくがまんしたね。よく頑張ろうとしたね。

悪いことをガマン
しないで吐き出すと
いいイメージが湧いてくる

本当は腹が立ってる、本当は嫌な気分。
でも、がまんして笑顔でいる。
怒りはね、一括払いがいいよ。
一括で払って、あとは笑顔になればいい。
一括で「イヤ感情」を出さずに、
いつも分割払いにするから、
長引いて怒りの金利もつくんだよ。
ちゃんと怒って、ちゃんと泣いて、
ちゃんとネガティブを感じきったら、
いままで見えなかった希望の光が、
明るい明日が、いいイメージが、湧いてくる。

ちゃんと言おう

自分がちゃんと言わないから、相手が悪く見えるんだよ。
そして勝手に被害者になっちゃうんだ。
だって怒られる、だって嫌われる、だって聞いてもらえない、と
勝手にあきらめて、いじけてないかい。
ちゃんと言えば、聞いてくれるかもしれない。
ちゃんと言ったら、怒られるかもしれない。
でも自分の中から、その「思い」を出すことが一番なんだ。
その勇気を出してみよう。傷つく勇気が何より大事。
傷つく勇気を持って行動を起こせば、きっと傷つかない。
傷つくのを怖がって行動を起こせば、傷つくことが多くなる。
うん、おかしいね。

あとで氣づくことも
あるよね、そしたら
あとからでも言おう

誰かに何か言われた、誰かに何かされた。
本当は嫌だった、本当はうれしかった。
でも、そのときはびっくりした、突然だったから。
笑ってしまった、何も言えなかった。
あとになってじわじわと怒りや悔しさがわいてきた。
あとになって喜びが込み上げてきた。
そしたら、感じたときにもう一度言えばいいんだよ。
あとから言ってもいいんだよ。だっていま気づいたんだもん。
嫌だった、うれしかったって、ちゃんと本人に言うんだよ。
嫌だったって、別の人に言うことを陰口って言うんだよ。
だから、ちゃんと本人に言おうね。勇気を出して。

ちゃんとモメ
ないと本音は
わからないよ

本音とは何でしょうか？　本音は悪口ではありません。

相手を責める、ののしる、愚痴は、本音ではありません。

本音とは「自分の気持ち」です。自分の感情です。

「自分は、何をわかって欲しいのか」

「自分は、何がつらかったのか」

「自分は、何て言われた気がして悲しかったのか」

こう考えてみると、悪口とはほど遠いことがわかります。

実は、自分の本音や想いは、なかなか気づきにくいのです。

僕自身も、あとになってから、

「ああ、自分はこう感じたんだな……」

と冷静になってわかることがあります。

過去の僕は、そんなことも知らず、
ただ自分の本音を押し殺して、相手を責めていました。
でも何も変わらない、何もわからない、
何もわかってもらえない、だから、とても苦しかった。
本音という「苦虫」を飲み込んでいるから、
苦い顔にもなるし、あまりモノを言いたくなくなる。
でも、そのままにしておくと苦虫がお腹の中で暴れ出して、
「あいつが悪いんだ」と騒ぎ出すんだ。
自分が「苦虫」を飲み込んだせいでね。
だから、ちゃんとモメよう。
ちゃんと怒って、ちゃんと吐き出していれば、

「本当は、自分が何を言いたかったのか」
という、自分の本音に気づき始めます。
モメると空気が悪くなります。
モメると関係が悪くなります。
でも、モメないと、ずっと長引きます。
本音を言わず、相手を悪く思い、
心の中でずっと相手を責め続けてしまう。
ぽんっとモメて、自分の本音に気づいて、
伝えて、謝って、それで終わり。
そんなことができるといいね。
モメのススメ。

うつって病は
安全装置

「うつ」って何かと言うと、
電気のブレーカーとか、電球のヒューズとか、
それ以上「いく」と壊れちゃうよって、
体が止めてくれる「安全装置」。
それじゃあ、それ以上、何が「いく」とダメなのか。
それは「がまん」だったり、「ウソ」だったり。
ストレスって、かんたんに言えば「がまん」です。
本当にしたいこと、本当に言いたいことをがまんしてる。
がまんの容量を超過して、心のブレーカーが落ちちゃった。
冬場に、こたつとホットカーペットとエアコンと
電気鍋をつけて、電子レンジを回したようなもの。

すると、心のブレーカーが落ちて動かなくなる。
つまり、「がまん」の使い過ぎ。
病気も同じ。何かのやり過ぎ、採り過ぎ、偏り過ぎ。
それを体が教えてくれる。「過ぎてるよ」って。
だから、その状態で復帰したり、薬でごまかすと、
またブレーカーが落ちちゃう。
でも、あんまりブレーカーが落ち過ぎると、
電気製品もおかしくなるよね。
だからブレーカーを上げる前には、
どれかのスイッチを切らないといけない。
こたつかエアコンか電気鍋かレンジかホットカーペットか。

つまり、どれかの「がまん」をやめないといけない。
それじゃあ、がまんをやめるって何だろう?
それが「ちゃんと言う」ということ。
「やめて」「できない」「やりたくない」「嫌い」「ムリ」
「したい」「ほめて」「見て」ってちゃんと言う。
いじけず、ひがまず、ねたまず、素直に言う。
ちゃんと言って、してもらえないのは仕方のないこと。
だって、その人にも都合があるから。
それでも、ちゃんと「言う」ことのほうが大切。
「どうして?」って、ちゃんと「訊く」ことも大切。
自分の「想い」をちゃんと放電しよう。

自分にウソを
つかないためにも
ちゃんと言おう

聞く、聴く、訊く、菊……
いろんな「きく」がありますね。
「きく」って楽しくて、難しい。
上手に「きく」と、相手の心を開くことができる。
自分の心を開くと、そこに心が流れ（通い）始める。
それをテクニックだけで対応しようとすると、
心は余計に閉じてゆくだけ。
そして「聴く」というのは、
受け止めるために、大切なことは「言う」こと。
嫌だ、してほしい、とちゃんと言う。
陰口ではなく、本人にちゃんと言う。

自分の思いを表現する。
これが「素直になる」ということ。
それは「わかってもらう」ためではなく、
自分の心を知るため。
自分の心にウソをつかないため。
怒っているのに言わないで、
怒らない理由（言いわけ）を固めるときは、
一生懸命、自分にウソをついているとき。
たとえ「自己説得」でも、
そればかりやってると、
自分の心がわからなくなって、

心はどんどん閉じていく。
だから「聴く」って難しいのです。
ジャッジせずに聴く。
すべて受け止めて聴く。
とっても難しい。
なので、こう思っているといい。
「人は私の話をちゃんと聞いてない」
わかってもらうのは無理。
だからこそ、自分のために、
自分にウソをつかないために
ちゃんと言おう。

言えると
癒える

言わないから、ちゃんと言わないから、
自分の中に「想い」「感情」が溜まってくる。

溜まって、腐って、臭いを放って、熱を持つ。

そして、最後に噴火する。

「想い」「感情」とは「本当の自分」。

だから、それをちゃんと表現する。

それができないのは「怖い」から。

「怒られることが怖い」

「嫌われることが怖い」

「孤独になることが怖い」

でも、多くの人が勘違いしています。

自分の「想い」「感情」というものは、
相手に「ぶつける」ものではないのです。

「あなたのせいで！」

「何でしてくれないの！」

これは「想い」「感情」を出していないのです。

「こうするべきでしょ！」

「間違ってる！」

というのも「本音」を隠しているときです。

心の奥にある「出して！」と叫んでる、
言えなかった言葉、飲み込んだ言葉を
言えたとき、はじめて癒《い》えるのです。

やっと過去の「想い」が成仏するのです。
だから、ちゃんと言おう。
「してほしい」
「してほしくない」
嫌われてもいい。
怒られてもいい。
ダメな奴だと思われてもいい。
腹黒い奴だと思われてもいい。
冷たい奴だと思われてもいい。
だって……、
そうなんだし。

与えるのが愛
うけとるのは
もっと大きな愛

自分に対して言われたこと、
自分の価値観と違うこと……。
受け取るのは、とても大きな器が必要。
自分の意見と違うこと、
間違っていると感じること、
誤解された意見……。
受け取るのは、とても呑《の》みこめない。
ほう、そうか、なんてとても言えない。
わかってほしい、誤解を解きたい、
いつもひどいこと言われる、
いつも誤解される……。

そんなひどいことや誤解さえ、
受け止められるようになれるといいね。
そうなるために必要なことは、
「それは誤解だ」
「それは嫌だ」
と、言うこと。
ちゃんと言うこと。
ちゃんと吐き出すこと。
自分の思いを伝えること。
伝えないから、受け取れない。
出さないから、入らない。

うんちしないから、ご飯が美味しくない。
ちゃんと受け取るためには、
ちゃんと自分の思いを伝えよう。
怖くても、
怒られても、
モメても、
独りぼっちになっても、
ちゃんと伝える。
ポジティヴな思いも、
ネガティィヴな想いも。
全部、伝えるんだよ。

傷ついたから
怒ってるんだ

あの人が怒っているのは、
あなたが何かを「した」からじゃない。
あなたが何かを「しなかった」からかもしれない。
人は、何かを言われて傷つくこともあるし、
何かをされて傷つくこともある。
でも、何かを「してもらえなくて」傷つくこともある。
感謝してもらえない、大切にしてもらえない、
こちらの思いやしてきたことを受け取ってもらえない。
そんなとき、存在が否定されたように感じてしまい、
悲しくなる、そして怖くなる、だから怒る。
それは、傷つけた側にはわからない。

何がその人の地雷なのかなんて、
踏んでみないとわからない。
突然、地雷が爆発して驚く。
そして攻撃されたと感じる。
そんなつもりはきっとなかったんだろう。
だから何を怒っているのかわからない。
だから「そんなことで」と軽く扱う。
すると、あなたは怒りを
「受け取ってもらえない」と感じる。
そしてまた、悲しくなる。
そうやって傷ついていく。

怒りをぶつけられたほうは、
怒りの理由がわからずに、
「ぶつけられた」という思いだけが残る。
そして悲しくなり、傷ついて怖くなる。
怒るほうも、踏まれてみないと
自分の地雷・反応ポイントはわからない。
そして、怒られたほうも実はこのとき、
地雷を踏まれたことになるのです。
でも、こうやってひとつひとつ見つけては、
地雷を処理していくことも大切なんだろうね。
ひとつ、ひとつ、ひとつ、ひとつ。

誤解されることを
受け入れたら理解された。
なんだ逆だったんだ

そんなつもりじゃないのに。
そんな自分じゃないのに。
そんなこと言ってないのに。
何でわかってもらえないんだろう。
何で伝わらないんだろう。
そう思うことが多かった。
誤解されたくない、理解してほしい。
だから、一生懸命に弁解し、一生懸命説明した。
なのに理解してもらえない。何でなんだろう。
話し方が悪いのか、説明が悪いのか、声が悪いのか、
自分が何かおかしいのか、いろいろ考えた。

そして、ある日気づいた。
「誤解されてもいい」と。
説明しなくていい。
誤解されていい。
曲解《きょっかい》されていい。
間違って理解されてもいい。
悪意と取られてもいい。
そんな奴だと思われてもいい。
必死に説明するのをやめよう。
必死に誤解を解くのをやめよう。
いくらそうしても人は理解できない。

理解できないときには、
いくら言われても理解できないんだ。
人は自分が解釈したいようにしか解釈しない。
人は自分が経験したことしか理解できない。
だから、それを受け入れよう。
すると、不思議なことが起こり始めた。
誤解されることがなくなった。
誤解していたことに多く気づいた。
ちゃんと理解されていたことにも気づいた。
誤解が解けることがあった。
なんだ、これも逆だったんだ。

大切に
されてみる

大切にされるということは、
自分を大切にすること。
自分を大切にできるようになると、
他人を大切にできるようになる。

大切にされるって、
誰かに気持ちをわかってもらうこと。
わかってもらうために、
自分の気持ちをわかってあげること。
たまにはお金をかけて
いいサービスを受けてみよう。

他人の欠点は
責めるのではなく
埋めてあげよう

あの人のここがおかしい。何であんなことするの。
愚痴や悪口を言うよりも、おかしくないあなたが、
その人の弱い部分を埋めてあげればいい。
難しいなら「埋めてあげる」を「認めてあげる」に変えてごらん。
でもね、その人には、そうする理由があるんだよ。
その人は「よかれ」と思ってやっているかもしれない。
その人にとって最善の方法かもしれない。
それしかできなかったのかもしれない。
それがいいと思っていたのかもしれない。
そもそも、いい悪いなんて考えてなかったのかもしれない。
それでも認めること。それが埋めてあげること。

あなたが犬を
愛するように
私は猫を愛してる

「知り合い」という言葉がありますよね。
「知り合う」とは、相手の価値観、自分の価値観を伝え合うこと。
大切なのは「合う」ということ。
ただ、認め合う。
ああ、違うんだ。へぇ、面白い。へぇ、私は違うよ、と。
否定せず、自分の価値観や考えを伝える。
すごいと思ったときは、「そう思った」という価値観を伝える。
相手のことを否定せずに、自分の価値観を伝えるには、
「BUT」でなく「AND」を使うといいんだよ。
「あなたは犬がいいんだ。でも（BUT）猫のほうがいいよ」より、
「あなたは犬がいいんだ。そして（AND）私は猫がいいと思う」

誰と
幸せになろうか

僕が数年前に願ったこと。
かなっているのは、
自分だけの幸せじゃなく、
そこに誰かの笑顔を描いてたものばかり。
それを願ったときは、
見えない何かのサポートが
あったような気もする。
一人だけ幸せになるんじゃなく、
誰と幸せになろうかって
思い描いてみると
エゴから抜け出せるかもよ。

# 人生と自分

今物語をおもし
ろくしてる
途中なんだから

不幸な生い立ち、不遇な目に遭い、敵が現れ、メンターが登場。
でも、なかなかうまくいかない。
やがて強くなり、師と別れ、復讐を誓う、復讐した。
でも幸せじゃない、こんなはずじゃなかった。
やがて裏切られ、人も離れて、絶望し、何もかもなくなり、
本当の自分を知る。
強がっていた自分を知る。
本当の幸せとは？
やがて勘違いに気づき、誤解が解け、許し、幸せになっていく。
なかなかおもろいやん、この話。
いまのあなたは、どのあたりかな。

荷物は少ない
方がいいね

旅に出るときはもちろん、
ちょっと出かけるときでも、
荷物の多い人と
荷物の少ない人がいる。
荷物の多い人は、
かばんの中に
「不安」がいっぱい詰まっている。
「もしも」がいっぱい詰まっている。
荷物は少ないほうがいいね。

勇気って
捨てること

勇気が出ないのは、いろんなものを失いたくないから。
自分の仕事、地位、居場所、安定、給料、愛情、信頼、
名誉、プライド、命、家族、友達、安全、自由、平和……。
だからここから動きたくない。だから何も変えたくない。
だから他人を責めることに全力をあげる。
だから会社や上司、体制を批判することに全力をあげる。
だから自分が変わらなくていいように必死に正当化する。
でもそれも仕方のないこと。だって失うのは怖いもの。
だから勇気っていうのは、それらを捨ててもいい、
損してもいい、嫌われてもいい、失っていいという覚悟。
失うものが何もないとしたら、あなたは何をするのだろう。

未来は過去の延長
じゃない。未来は
いま作っているんだ

「いま」は、自分がやってきた、選んできたことの結果です。
だから、未来もこのまま続くと思ってしまう。
でも、それは違います。未来は、いまつくっているんです。
いままでと違う自分をつくっていくことができる。
そのためには、いままでの自分のやり方を捨てることです。
いいと思ってやってたことは、恐れていただけかもしれない。
もう嫌な思いをしないように、かばっていただけかもしれない。
いつか見返してやると、力が入っていただけかもしれない。
最初は勇気、慣れてきたら力を抜いて、自分が喜ぶことをしよう。
どっちが得か、どっちが損か、どっちが無難かとかではなく、
「過去の自分」にカタをつけていこう。

今で、いい

今がいいんだ

僕はいつもセミナーをするほうなので、
自分のセミナーを受けることはできません。
でも、ある日、うちの生徒さんの受講生になって、
自分のやってるセミナーを受けてみました。
そのとき、自分の「未来」を想像してみたのです。
そして、すごく変なことに気づいてしまいました。
自分の未来を思い描いて、
理想の一日を思い描いていたら、
いまの一日を描いている自分がいたのです。
まるで変な感じ。
いまが決して最高なわけではなく、

手に入れていないものもいっぱいある。
悩んでいることも、苦しんでいることもある。
でも、いまでいい。そんな感じでした。
未来は、素晴らしいものと思っていました。
未来は、成功するものだと思っていました。
でも、それを手にすれば幸せになれると思っていました。
そうではなかったのかもしれません。
いま、幸せ。いまが幸せ。いまでいい。いまがいい。
本当は、そう思いたかった。
本当は、そう思えればいいと思ってた。
そして、いつの間にか、そう思ってた。

100点でなくていい、成功してなくていい、
喧嘩してもいい、拗ねてもいい、
猫がご飯を吐いてもいい、暑くてもいい、
パソコンうまく行かなくてもいい、
嫌なこと言われてもいい、海外行けなくてもいい、
休みがなかなか取れなくてもいい。
いまでいい。いまがいい。
恐れや不安があってもいい、
怒りや罪悪感を持っていてもいい、
冷たくてもいい、せこくてもいい、
これが自分なんだ、と。

今の自分と周りに
感謝できる人が
成功者

成功者になりたい、そう思ってた。
何かを成し遂げたい、そう思ってた。
強くなりたい、優秀になりたい、優しくなりたい、
感謝できる人になりたい、そう思ってた。
でも違うんだと、さんざんもがいてから気がついた。
何かを成し遂げても、強くなっても、優秀になっても、
人が評価してくれるとはかぎらない。
むしろ、どんどん陰が増えていく。
陰とは、自分が求めていることの真逆のもの。
一番見たくないもの、一番欲しくないもの。
そして「こんなはずじゃなかった」と気づいた。

もちろん認めてもらえた分だけ、
心は十分に満たされてきた。
僕がほしかったものは、成功でも、
能力でも、強さでもない。
本当は、ただ満たされたかった。
本当は、ただ認めてほしかった。
本当は、ただわかってほしかった。
本当は、ただ自由になりたかった。
本当は、ただ安心したかった。
本当は、ただダメな自分に消えてほしかった。
それだけだった。

それが得られると思って頑張ってきたのに。
手に入ったと思ったのに。それは幻だった。
そう、もともと「あった」んだ。
「ない」と思っていただけなんだ。
気づかなくて、不満でいっぱいだった。
不足でいっぱいだった。
成功してなくても、能力がなくても、弱くても、
幸せに生きている人がたくさんいる。
それに気づいたとき、
自分には、ただ感謝が足りなかっただけなんだ。
やっと気づいた。

でも、まだ足りていない、そう感じている自分もいる。

そこにも気づいた。

「産んでくれてありがとう」

と、まだ言えない自分がいる。

口先だけなら言える。でも、まだ心の底からじゃない。

そしてそんな自分がいま、ここにいる。

「ああ、まだなんだな」

それは、まだまだ、

「自分で生きてきた」

「自分は頑張ってきた」

という思いが強いから。

それはまだまだ、
「助けて」
「できないよ」
という弱さを出せていないから。
自分ひとりで頑張ってしまう。
でも、だいぶ言えるようになったよ。
ここまで支えてくれた仲間もたくさんいてくれる。
ここまで読んでくれたあなたも、いてくれる。
本当にありがとう。やっと47歳になりました。
まだまだ人生の途中です。
おかげさまで結構感謝が増えました。

あとは
お天道さま

「他力本願」は、悪い意味として使われがちですが僕は好きです。自分だけじゃない、自分ひとりで生きてきたんじゃない。たくさんの恵みや思いを受けて、僕たちはここまでやってきた。そして、これからも僕たちは「他力」です。それは、つまり感謝。「自分で何とかしよう」というのは、一見、立派なようで、実は、強烈なエゴにつながったりするものです。できることは頑張ればいい。でも、全部自分でやったなんていう、うぬぼれ、おごり、さらには意地を張ってひとりでやるのではなく、「自分でさせていただいた」そんな気持ちでいたいものです。だから「他力本願」とは、「自分ひとりで頑張らないで」という優しい言葉なのかもしれませんね。

すべては
借りものだから

この肉体も、パートナーも、友達も、財産も、
「自分のもの」と思っているから、
やってこないと不安になり、
去っていくと不安になる。
すべては「借りもの」。
もしかしたら、才能も、能力も、借りもの。
「使わせていただく」
今日も、与えられた力を使わせていただきます。
恵まれた環境を使わせていただきます。
ありがとうございます。
こう考えられるといいかもね。

あなたにはある。愛も
才能も魅力もお金も
時間も自由もぜんぶ
あるんだ

「ない」と思っているから見えないんだよ。
「ない」と言っていると神様が教えてくれる。
「あるんだよ」気づいてね、ほら「あった」でしょって、
問題や事件や災害や痛いもので教えてくれる。
だって、ずっと教えてくれてたのに僕ら気づかないから。
生きていること自体が、奇跡なんだよって。
だから、たとえいまは「ない」と思っていても、
「ありがとう」「ありがたいなぁ」
そう言って生きることが一番大切なのかもしれない。
それが「ある」っていうこと。
「感謝」は「ある」と読めばいいんだね。

見えないものは、ないん
じゃなくて、見えてないだ
けでちゃんとそこにある

自分の魅力、才能、いいところ。
ないんじゃなくて、見えていないだけ。
ちゃんとある。
だから、まわりの人から、
魅力や才能やいいところが
「あるね」って言われたときは、
「そうなんだ、あるんだ」
「ありがとう」って
素直に受け止めて、信じてみよう。
「いや、ないよ」なんて言ったら、
「ある」って言った人は悲しいよね。

でもまぁ、

「守護霊さんが守ってくれているよ」

「オーラがいいね」

って言われたら、あるような気がしてこない？

友人のキタちゃんとゴルフに行ったとき、

グリーン上で、こんな会話がありました。

「なんで曲がるんかなぁ」

「グリーンが左に傾斜してるからだね」

「え、傾斜してる？」

「傾斜してるよ、ほら」

「え？　わからーん」

「そっかー、これが見えないんだ」
キタちゃんには僕に見えないものが見えてるようです。
でも、言われたとおりにボールは左に転がっていく。
ということは「見えてないけど、そこにある」。
僕も、悩みの種や根本原因が見えることがあります。
でも、その渦中にいる本人は、説明しても見えません。
その人の魅力も見えます。
でも渦中にいると見えません。
グリーンの傾斜も自分の長所も
離れてみれば見えてくるかもしれませんね。
見えないものも信じてみよう。

自分だけの道が
あるんだ
もう知ってるでしょ

「自分のやりたいことがわからない」

「自分の進むべき道がわからない」

「自分が何に向いているのかわからない」

カウンセリングをしていると、
その人の「道」が見えてくることが結構あります。

でも、僕が感じたその「道」を伝えると、
ほとんどの確率で否定されます。

「無理です」

「できないです」

「喰っていけないです」

でも、カウンセリングを進めていくほどに、

「それしかないでしょ」

というのがどんどん明らかになってきます。

すると、必ずこの言葉が出ます。

「やっぱり、そうですか」

「結局は、これなんですね」

なんだ、知ってるやないか！　ということです。

自分だけの道を本当は知ってるけど、

できないと思って「除外」してしまって、

ほかの道、つまり、

「人と同じような道」

「得する道」

「リスクの少ない道」

「批判されない道」

を探そうとして、苦しくなっているだけなんです。

だからね、もう一度言います。

「あなただけの道があるんだ、もう知ってるでしょ」

早くあきらめて、その道に進んでみましょう。

そろそろ年貢の納めどき。

進み始めると、自分にはこんなにも、
その道に進むための
「特質」「能力」「経験」「まわりのサポート」が
「あった」ことに気づきますよ。

ゆく先が見えない
不安で楽しい
行きあたりばったり

僕も前の会社にいた頃、先が見えなくなっていた。
「これから、どうなるんだろう」と。
それでも、目の前のことを頑張っていた。
すると突然、この仕事が目の前に現れた。
人生最大の不幸に乗っかって。
でも、おかげでいまは、
「これからどうなるんだろう」と、
先の見えないことを楽しめるようになった。
「これから、どうなるんだろう」と考えても、
なるようにしか、ならんのです。
だったら、目の前のことをちゃんとやろう。

あれを作るには足りな
いけれど、これを作るには
充分だ。これを作らないと
あれは作れない

目指している人がいる、手に入れたい成果がある。
その成果だけを真似して、手に入らない、となってしまう。
その人が、その成果を手に入れた「過程」を見ずに。
その人も、急に大きくなったわけではないんだよ。
その成果を手に入れるために、
まずやらなければならないことがあるんだよ。
まずは目の前のことを。
まずは目の前の人を。
ひとつひとつ、こつこつと、ね。
まずは、いまの自分にできることをやっていこう。
想いはでっかく、やることは小さく。

思いつきで
行動しよう

こうすればいいかな、おかしくないかな、損しないかな、
変に思われないかな、傷つかないかな……、いろいろ考えます。
頭があるからね。でも、たまには思いつきで行動しよう。
「もっとちゃんと考えなさい」「思いつきでものを言うな」
なんて怒られるかもしれない。でも、最後は思いつきが勝つんだ。
だって、思いつきって、神様のアドバイスなんだから。
損得、失敗しないように、笑われないように、嫌われないように、
そんな「恐れ」で行動する人は、自分が怖いだけなんだ。
だからあなたは、思いつきで行動してもいい。常識を外れてもいい。
それが新しい方法、斬新なアイデア、新しい世界をつくるのだから。
どんどん怒られよう。「常識」で生きている人をびっくりさせよう。

常識でうまくいかない時は、非常識がうまくいくよ

仕事が進まない、評価されない、好かれない、うまく話せない、お金が貯まらない、結婚できない、健康になれない……。

もしいま、あなたがうまくいってないとしたら、簡単に言うと、まだ時期が来ていないか（取り組み時間がたりないか）、いままでの「やり方」が違うかのどちらかだと思うのです。

この「やり方」について話をしてみようと思います。

「こうすればいいよ」「これは絶対してはいけない」いつ頃からか思い始めた「常識」をかたくなに守って、うまくいってないとしたら、その「常識」が間違っています。

うまくいってる人は「違う常識」を持っているからうまくいく。

つまり、あなたから見ると「非常識」なこと。

たとえば、仕事をさぼる、怒る、好かれようとしない、
悪口を言う、無駄遣いをする、マナーを守らない、
ちゃんとしない、職場で泣く、文句を言う……。
うまくいっている人の話を聞くと驚くことが多いのですが、
なぜかというと、「してはいけない」と思っていたこと、
「しなきゃ」と思っていたことをまったくしてないなど、
常識外れに「みえる」ことをやっているから、
うまくいっているのです。
僕のオープンカウンセリングに来る方もよく驚かれます。
「そんなこと言っていいんだ」
「カウンセリングで笑っていいんだ」

「楽しくていいんだ」「あんなことやっていいの」
「それしなくていいの」「それやめていいの!?」
そんな言葉がたくさん飛び出します。
僕のカウンセリングは、
「世間の常識」から外れていることが多い。
だからうまくいく。だから楽しい。
「常識」をぶち破るそんな勇気が、
あなたの壁を突破してくれるのです。
非常識って世界が広がるよ。
自分が自分にかけている制限を
「ゆるす」ことでうまくいくんだよ。

思ったら
やろう

「直観（直感）を鍛える方法ってあるんですか」
よく聞かれますが、僕はあると思っています。
それが、「思ったことを、やる」ということ。
ただ、それだけ。思ったことを、すぐにやる。
つまり「気になった」ものを見逃さないということ。
僕は、カウンセリング中であっても同じです。
カウンセリング中に、「ふと」頭の中に、
「お好み焼き」という言葉が浮かんだら、
「最近、お好み焼き食べました？」とあえて口にします。
すると、このようになることがあります。
「いや、わたし、お好み焼き嫌いなんです」

「え、どうして？」
「嫌な思い出があって……、昔、お母さんが……」
問題の核心となるものに、いきなりたどり着くこともある。
「ふと」は、僕は神様からのメッセージだと思っています。
神様は、体がないので「ふと」という、
「電気」のようなもので送ってくるしかない。
だから、「ふと、思った」「思いつき」を大事にすると、
神様が喜ぶのではないか、と思ってます。
ふと、気になったらいつもと違う道を行く。
ふと、気になったらゴミを拾う。
ふと、気になったら連絡してみる。

ふと、気になったら行動する。
それが、直感を磨く方法だと思います。
ニブチンの僕でもできたから。
だから、僕のよくやる「直感メッセージ」は、
「思いついたことを言葉にする」
たったそれだけです。
思いついたことを言葉にするって、
思いついた行動をするって、
勇気がいるけど
最高のパターン崩しなんですよね。
ぜひ、やってみてね。

今までやらなかった
ことをやると見え
てなかったものが見えて
くる

同じ場所にいると
同じ風景しか見えない。
勇気を出して
そこから離れよう。

いつかわかる。それが時期
だからいまは逃げ
てもいいんだよ

「仕事が苦しくて仕方ありません。
でも、どうせ辞めても同じことがついてくるんですよね。
だったら踏ん張って、頑張らないといけないと思うんです」
こんな話をよく聞きます。
一般的には確かにそうです。だから、がまんしないと、と。
でも、僕のアドバイスは、こうです。
「早く逃げてね」
これは、仕事だけでなく、パートナー間でも同じです。
もちろん、いろいろなパターンがあります。
苦しくても、頑張って乗り越えるパターンもあります。
でも、苦しくて頑張れないこともあるんです。

そんなときは次に行く。次なら頑張れることもあるんです。
前の環境では、前の人では頑張れなかったものが、
この環境なら、この人なら頑張れる。そんなこともあるのです。
僕も前職で、ずっと逃げてたことがありました。
それが「大勢の人前に立つ」ということ。ずっと逃げてた。
で、こっちにきたら、やっぱりこの課題がついてきた。
でも、こっちなら頑張れた。頑張りたかった。
乗り越えるのが、ドキドキで楽しかった。
そして乗り越えたとき、大きな喜びがあった。
こんなふうに「タイミング」「時機」「時期」はやってくる。
だから、いまは逃げてもいい。

暴力夫から、借金夫から逃げて、
幸せをつかんだ例もたくさんあるんです。
だからいまは、全力で逃げよう。
何度繰り返してもいい。いつか必ず「時機」は来る。
人生の教訓も同じ。
あの頃、まったく響かなかった言葉が、
あるとき突然わかったりする。
あの頃、まったくわからなかった言葉を
いま、自分が話していることに気づくこともある。
いつかわかるときが、きっと来る。
だって人は、ほっといても成長してるんだから。

断るより受け入れる
方がムダなエネルギーを
使わずにすむから

「断る」「拒否する」ことはエネルギーがいるんだね。
だから、受け入れるほうが楽。そして、受け入れるには、
受け入れる理由が必要、と自己説得を始める。
そうやってウソをついて、自分をだましていくんだね。
でも、断れなかったことから、
新しい人生が開けていくこともある。
それはそれで悪くないのかもね。
でも逆に、受け入れることができない人もいる。
ずっと断ることしかしてこなかった。
人の行為や優しさを受け入れられない。そんな人もいる。
うん、いろんな人がいて、全部いいんだ。

大丈夫、ちゃんと
乗り越えられ
るさ

結婚式に行ったときのこと。
新婦と僕とは起業前からのお知り合い。
あの日の出会いが、こんな風になるなんて、
そう思うと、人の出会いはとても不思議。
そんな昔からの正体を知っているからこそ、
幸せと苦労と挫折を知っているからこそ、
笑顔の彼女を見ているだけで
涙が止まりませんでした。
人は、目の前にやってきた、
自分にとって不都合なものと
闘ったり、逃げたり、受け入れたりします。

そして、このやり方じゃダメだ、
これじゃダメだ、でもできないと、もがく。
もがいて、もがいて、また闘って、
また逃げて、やがて受け入れて……、
いろんなことを繰り返す。
でも、そんなことをしている間にも
ちゃんと成長してる。
ちゃんと心は鍛えられてる。
ちゃんと自分と向かい合ってる。
そして、ちゃんとずっと輝いてた。
ずーっと昔から輝いてた。

いま、もがいている人も、
まだ道の途中。
もがいて、苦しんで、
笑って、泣いて……、
人生を、自分の道を探しながら行こう。
そしたら、ちゃんとご褒美が来る。
あなたの歩いてきた道は、
振り返ると全部しあわせになる。
僕の結婚式で、
みんなが異様に泣いてた理由が
やっとわかった。

どうせ
私なんて
すばらしいわよ

仁

## さいごに

心の世界のことを「あやしい」って言う方がいます。

宗教チックとか、病んでそうとか、
弱そうとか、ツボ買わされそうとか……、
友人や身内から言われたと相談されることがあります。

そういうとき、僕はいつもこう言います。

「怪しいよーって言っといて」

「いい壺買ってくるからって言っといて」

怪しいって、なんか楽しくないですか。

僕は、カウンセリングを表舞台に出そうとは考えていません。

世に広めたいともあまり思っていません。
カウンセリングは病んでる人、
弱い人のためだけじゃないよ、と
誤解を解きたいとも思っていません。
弱くていいやん、恥ずかしくていいやん、
病んでていいやん、だってそうなんだもん。
そんなときもあるもん。それでいいやん。
必要なときに、
必要なものは、
必要なタイミングで、
必要な人に出会う。

だから、無理に誤解を解かなくていい。
無理に広めなくていい。
いいことをやっていれば、
何もしなくても勝手に広まるから。
楽しんでやっていれば、いい。
そう思います。
広めようとするほど広がらない。
あやしいって、楽しいね。

心屋仁之助

**心屋仁之助**（こころや・じんのすけ）

性格リフォームの匠　個性を生かして性格を変える心理カウンセラー

京都を拠点に、独自スタイル「本当の自分を見つける」カウンセリング手法を伝えるセミナーを東京・京都などで展開している。

兵庫県生まれ。ある大手企業の管理職として働いていたが、家族に起こった事件がきっかけとなり、心理療法を学び始める。その過程で自身の性格が変容していたことに気づき、心理療法を世に広める必要性に目覚める。それが原点となり、「性格改善」を専門とした現在のカウンセリング活動をスタート。現在はスクール卒業生によるカウンセリングやセミナー活動の支援を行い、毎月の勉強会はキャンセル待ちが続いている。メルマガ「たった一言!あなたの性格は変えられる!」は、2万人を超える読者に支持されている。

著書に『光と影の法則』（小社刊）をはじめ、『性格は捨てられる』『人間関係が「しんどい!」と思ったら読む本』（以上、中経出版）、『まわりの人と「うまく付き合えない」と感じたら読む本』（大和書房）、『心屋仁之助の今ある「悩み」をズバリ解決します! 不安・イライラがなくなる本』（三笠書房）など多数。

〈公式ホームページ〉　http://www.kokoro-ya.jp/

〈公式ブログ「心が 風に、なる」〉　http://ameblo.jp/kokoro-ya/

**心屋仁之助の「奇跡の言葉」**

2013年4月5日　初版第1刷発行

2013年4月25日　初版第5刷発行

著者　心屋仁之助

発行人　佐藤有美

編集人　渡部 周

発行所　株式会社経済界

〒105-0001 東京都港区虎ノ門1-17-1

出版局　出版編集部☎03-3503-1213

出版営業部☎03-3503-1212

振替　00130-8-160266

http://www.keizaikai.co.jp

装幀　岡 孝治

本文　ムーブ（新田由起子、川野有佐）

印刷　（株）光邦

ISBN …7667-8540-1